学ぶ人は、
変えて
ゆく人だ。

目《め》の前《まえ》にある問題《もんだい》はもちろん、

人生《じんせい》の問《と》いや、社会《しゃかい》の課題《かだい》を自《みずか》ら見《み》つけ、

挑《いど》み続《つづ》けるために、人《ひと》は学《まな》ぶ。

「学《まな》び」で、少《すこ》しずつ世界《せかい》は変《か》えてゆける。

いつでも、どこでも、誰《だれ》でも、

学《まな》ぶことができる世《よ》の中《なか》へ。

旺文社《おうぶんしゃ》

本書の特長と使い方

◆本書が目指す「漢字検定（漢検）」とは、公益財団法人日本漢字能力検定協会（漢検協会）が主催する「日本漢字能力検定」のことです。

◆本書は、7日間で漢字検定準2級の試験対策をする書き込み式の直前対策ドリルです。

◆過去の検定試験で実際に出題された漢字を、独自にコンピューターで分析し、よくでる問題を収録しました。出題分野ごとに頻度を分析しましたので、効果的な学習が可能です。頻度の高い漢字は、さまざまな分野で繰り返し収録されています。

◆1～5日目の練習ドリルは、「読み」「部首」「熟語の構成」「四字熟語」「対義語・類義語」「同音・同訓異字」「誤字訂正」「漢字と送りがな」「書き取り」の出題分野別に構成しています。

◆6・7日目には、本番形式の予想問題を収録しています。学習の総仕上げなので、時間をきちんと計って取り組んでください。

◆実際に書き込みながら学習することで、確実な漢字の知識が身につきます。漢字の解答は、楷書《かいしょ》体で、はねるところ、とめるところなどを、はっきりと書くように気をつけましょう。

◆準2級の合格基準は正答率70％程度です。本書では、各ページに合格点のめやすを表示しました。

もくじ

編集協力　株式会社友人社
校閲　株式会社東京出版サービスセンター
装丁・本文デザイン　前田由美子（有限会社アチワデザイン室）
装丁・本文イラスト　三木謙次

出題内容・出題範囲

内容／級	2級	準2級
漢字の読み	○	○
筆順・画数		
部首・部首名	○	○
熟語の構成	○	○
送り仮名	○	○
対義語・類義語	○	○
四字熟語	○	○
同音・同訓異字	○	○
誤字訂正	○	○
漢字の書取	○	○
対象漢字数	2136字（準２級までの対象漢字1951字＋２級配当漢字185字）	1951字（3級までの対象漢字1623字＋準２級配当漢字328字） ※高等学校で習う読みを含む
レベル	高校卒業・大学・一般程度	高校在学程度
検定時間	60分	60分
検定料	4500円	3500円

●出題対象となる漢字

漢字検定では、それぞれの級に定められた出題範囲があります。それぞれの級で新たに出題対象となる漢字を配当漢字といい、当該級はそれ以下の級の配当漢字も出題範囲に含まれることが原則です。（上表参照）

●漢字検定の採点基準

◇採点の対象…筆画を正しく、明確に書かれた字を採点の対象とし、くずした字や乱雑に書かれた字は採点の対象外です。

◇字種・字体・読み…２～10級の解答は、内閣告示「常用漢字表」（平成22年）によります。旧字体での解答は不正解となります。

◇仮名遣い…内閣告示「現代仮名遣い」によります。

◇送り仮名…内閣告示「送り仮名の付け方」によります。

◇部首…『漢検要覧２～10級対応』（公益財団法人日本漢字能力検定協会発行）収録の「部首一覧表と部首別の常用漢字」によります。

◇筆順…筆順の原則は、文部省（現文部科学省）編『筆順指導の手びき』（昭和33年）によります。常用漢字ごとの筆順については、『漢検要覧２～10級対応』収録の「常用漢字の筆順一覧」によります。

◇合格基準…準２級の合格のめやすは、正答率70％程度です。２００点満点ですから、１４０点以上とれば合格の可能性大です。

問い合わせ先
公益財団法人日本漢字能力検定協会
本部 〒605-0074 京都府京都市東山区祇園町南側551番地
TEL 075-757-8600 FAX 075-532-1110
東京事務所 〒108-0023 東京都港区芝浦3丁目17-11 天翔田町ビル6階
URL https://www.kanken.or.jp/

準２級　配当漢字表（３２８字）

※漢字検定準２級で、新たに出題の対象となる配当漢字３２８字を五十音順に一覧にしました。

ア	イ	ウ	エ	オ	カ	キ	ク	ケ	コ
亜	尉逸姻韻	畝浦	疫謁猿	凹翁虞	渦禍靴寡稼蚊拐懐劾涯垣核殻嚇括喝渇褐轄且缶陥患堪棺款閑寛憾還艦頑	飢宜偽擬糾窮拒享挟恭矯暁菌琴謹襟吟	隅勲薫	茎渓蛍慶傑嫌献謙繭顕懸弦	呉碁江肯侯洪貢溝衡購拷剛酷昆懇

サ	シ	ス	セ	ソ	タ
唆詐砕宰栽斎索酢桟傘	肢嗣賜璽漆遮蛇酌爵珠儒囚臭愁酬醜汁充渋銃叔淑粛塾俊准殉循庶緒叙升抄肖尚宵症祥渉訟硝粧詔奨彰償礁浄剰壌醸津唇娠紳診刃迅甚	帥睡枢崇据杉	斉逝誓析拙窃仙栓旋践遷薦繊禅漸	租疎塑壮荘捜挿曹喪槽霜藻	妥堕惰駄泰濯但棚

チ	ツ	テ	ト	ナ	ニ	ネ	ハ	ヒ	フ	ヘ	ホ
痴逐秩嫡衷弔挑眺釣懲勅朕	塚漬坪	呈廷邸亭貞逓偵艇泥迭徹撤	悼搭棟筒謄騰洞督凸屯	軟	尼妊忍	寧	把覇廃培媒賠伯舶漠肌鉢閥煩頒	妃披扉罷猫賓頻瓶	扶附譜侮沸雰憤	丙併塀幣弊偏遍	泡俸褒剖紡朴僕撲堀奔

マ	ミ	メ	モ	ヤ	ユ	ヨ	ラ	リ	ル	レ	ワ
麻摩磨抹	岬	銘	妄盲耗	厄	愉諭癒唯悠猶裕融	庸窯	羅酪	痢履柳竜硫虜涼僚寮倫	累塁	戻鈴	賄枠

※２・３ページの情報は２０２３年９月現在のものです。内容は変更されることがありますので、詳しくは日本漢字能力検定協会にお問い合わせください。

読み

◆次の――線の**漢字の読み**を**ひらがな**で記せ。

解答➡
別冊P.2

合格点	得点
17/23	/23

□ 1 苦渋に満ちた表情を浮かべる。（　）

□ 2 子供の貧困が顕在化してきた。（　）

□ 3 哀愁を帯びた曲が好きだ。（　）

□ 4 旧弊を改める努力をする。（　）

□ 5 干ばつで飢餓に見舞われる。（　）

□ 6 二酸化マンガンを触媒として使う。（　）

□ 7 歯科医院は木曜日が休診だ。（　）

□ 8 残忍なテロ行為を非難する。（　）

□ 9 呼吸を意識して座禅を組む。（　）

□ 10 抗生物質を投与して細菌を殺す。（　）

□ 11 先輩の誘いを断って機嫌を損ねた。（　）

□ 12 教科書の英文を逐語訳する。（　）

□ 13 海や河川には自浄作用がある。（　）

□ 14 里芋とイカを一緒に煮る。（　）

□ 15 利己的な意見には首肯しかねる。（　）

□ 16 古い家屋に当時の面影をしのぶ。（　）

□ 17 忙しくて恋愛に時間を割けない。（　）

□ 18 革靴の汚れをクリームで落とす。（　）

□ 19 かんじきを履いて雪の上を歩く。（　）

□ 20 石窯で手作りのピザを焼く。（　）

□ 21 祖父は延命措置を拒んだ。（　）

□ 22 コートの襟を立てて着る。（　）

□ 23 朝顔のつるが垣根にからまる。（　）

書き取り

◆次の——線の**カタカナ**を**漢字**に直せ。

解答➡別冊 P.2

合格点	得点
17/23	/23

□ 1 **チョウヤク**して空中で一回転する。（　　）

□ 2 多数派や強者に**ゲイゴウ**する。（　　）

□ 3 平和の**オンケイ**に浴する。（　　）

□ 4 **ドンカン**な人にいやみは通じない。（　　）

□ 5 アンプで音を**ゾウフク**させる。（　　）

□ 6 言論の**ダンアツ**にあらがって闘う。（　　）

□ 7 小説を舞台用に**キャクショク**する。（　　）

□ 8 安心してほっと**トイキ**をつく。（　　）

□ 9 俳優の**ハクシン**の演技に涙した。（　　）

□ 10 夜間に駅の構内を**ジュンシ**する。（　　）

□ 11 裏金問題について**シャクメイ**する。（　　）

□ 12 日本記録を**コウシン**する。（　　）

□ 13 草食動物は**ケイカイ**心が強い。（　　）

□ 14 部屋の片づけをして**ヒマ**をつぶす。（　　）

□ 15 突然の爆発音に人々が逃げ**マド**う。（　　）

□ 16 ベンチの**ハシ**に腰かける。（　　）

□ 17 映画を見ながら**イネム**りをする。（　　）

□ 18 民宿は**スド**まりで三千円だった。（　　）

□ 19 みんなで祭りに**ク**り出そう。（　　）

□ 20 **ネボウ**して列車に乗り遅れた。（　　）

□ 21 長い**カミ**の毛を三つ編みにする。（　　）

□ 22 家の**ノキシタ**にハチの巣がある。（　　）

□ 23 敵の城を**イクエ**にも取り囲む。（　　）

四字熟語

◆次の**四字熟語**について、〔**問1**〕と〔**問2**〕に答えよ。

解答➡別冊P.2

合格点	得点
17/23	/23

〔問1〕 後の□内のひらがなを**漢字**にして1～16に入れ、**四字熟語**を完成せよ。□内のひらがなは一度だけ使い、**一字記入**せよ。

□**ア**（1）思黙考
□**イ** 愛別（2）苦
□**ウ** 孤立無（3）
□**エ** 南（4）北馬
□**オ** 天下泰（5）
□**カ** 徹頭徹（6）
□**キ** 巧（7）拙速
□**ク**（8）舞激励
□**ケ** 気（9）壮大
□**コ** 酔生（10）死
□**サ** 呉（11）同舟
□**シ**（12）忍自重
□**ス**（13）善懲悪
□**セ** 面目（14）如
□**ソ** 良風美（15）
□**タ** 山（16）水明

いん・う・えつ・えん・かん・こ・し・せん・ぞく・ち・ちん・び・へい・む・やく・り

〔問2〕 次の17～23の**意味**にあてはまるものを〔**問1**〕**のア～タの四字熟語**から**一つ**選び、**記号**を記せ。

□17 あちこちせわしなく旅行すること。（　）
□18 何もせずむなしく一生を送ること。（　）
□19 一貫して態度が変わらないさま。（　）
□20 自然のけしきが清らかで美しいこと。（　）
□21 度量や発想などがきわめて大きいさま。（　）
□22 我慢して軽はずみな行動をとらないこと。（　）
□23 世の中がおだやかに治まっていること。（　）

部首

◆次の漢字の**部首**を記せ。

解答➡別冊 P.3

合格点	得点
26/36	/36

例 開（門）

1 丙（　）
2 畝（　）
3 衡（　）
4 摩（　）
5 奔（　）
6 窃（　）
7 享（　）

8 劾（　）
9 玄（　）
10 栽（　）
11 瓶（　）
12 亜（　）
13 耗（　）
14 叙（　）

15 献（　）
16 款（　）
17 翻（　）
18 彰（　）
19 斉（　）
20 缶（　）
21 恭（　）
22 罷（　）
23 累（　）
24 准（　）
25 嗣（　）

26 寧（　）
27 弔（　）
28 尼（　）
29 癒（　）
30 煩（　）
31 虜（　）
32 殻（　）
33 囚（　）
34 帥（　）
35 衷（　）
36 刃（　）

対義語・類義語

◆次の**対義語**、**類義語**を後の□の中から選び、**漢字**で記せ。□内の語は一度だけ使うこと。

解答➡別冊P.3

合格点	得点
17/24	/24

対義語

□1 召還―（　　）

□2 堕落―（　　）

□3 淡泊―（　　）

□4 幼稚―（　　）

□5 軽侮―（　　）

類義語

□6 泰然―（　　）

□7 憤慨―（　　）

□8 盲点―（　　）

□9 手本―（　　）

□10 看護―（　　）

かいほう・げきど・こうせい・しかく・すうはい・ちんちゃく・のうこう・はけん・もはん・ろうれん

対義語

□11 煩雑―（　　）

□12 緩慢―（　　）

□13 秩序―（　　）

□14 秘匿―（　　）

□15 干渉―（　　）

□16 寡黙―（　　）

□17 仙境―（　　）

類義語

□18 醜聞―（　　）

□19 丁寧―（　　）

□20 動転―（　　）

□21 抹消―（　　）

□22 庶民―（　　）

□23 左遷―（　　）

□24 無窮―（　　）

えいえん・おめい・かんりゃく・ぎょうてん・こうかく・こんらん・じょきょ・ぞっかい・たいしゅう・たべん・たんねん・ばくろ・びんそく・ほうにん

誤字訂正

◆次の各文にまちがって使われている**同じ読みの漢字**が**一字**ある。**上の（ ）**に**誤字**を、**下の［ ］に正しい漢字**を記せ。

合格点	得点
10/14	/14

□ 1 与党は選挙で過半数を超える議席を取り、政権を依持することになった。（　）［　］

□ 2 村は津波に襲われたが、水門と防潮堤のおかげで浸水披害を免れた。（　）［　］

□ 3 金庫と蛇口に残された指紋が証固となって、窃盗事件の犯人がつかまった。（　）［　］

□ 4 ラジコン操作で水中撮映が可能な潜水艦の形をしたカメラが売り出された。（　）［　］

□ 5 酒に酔って他人の車のガラスを割った男が器物損壊の容疑で逮保された。（　）［　］

□ 6 上司に虚偽の報告をしていた職員に一か月減給の懲改処分が下された。（　）［　］

□ 7 自治体は地域振興対策の柱の一つとして、企業誘置を推進している。（　）［　］

□ 8 家庭菜園で栽媒したトマトを収穫して、新鮮なうちにサラダにして食べる。（　）［　］

□ 9 栄養と水分と温度という三つの条件が整うと、菌は増食しやすくなる。（　）［　］

□ 10 有酸素運動や筋トレは血液の循換を良くするために効果的と言われている。（　）［　］

□ 11 国内の旅行需要を勧起する政策により、割引クーポンが配布された。（　）［　］

□ 12 雪山で遭難した登山者が発見され、ヘリコプターで病院に判送された。（　）［　］

□ 13 幕府は不平等条約の締結を余技なくされ、開国要求を受け入れた。（　）［　］

□ 14 親族や隣人、懇意にしている人などを招待して、父の米寿の祝宴を勢大に催す。（　）［　］

2日目 練習ドリル

読み

◆次の――線の**漢字の読み**を**ひらがな**で記せ。

解答➡別冊P.4

合格点	得点
17/23	/23

□ 1 文章の**巧拙**を論ずる。（　　）

□ 2 **空疎**な演説を聴いて眠くなった。（　　）

□ 3 知人の**周旋**で就職先が決まった。（　　）

□ 4 先生は**質朴**で誠実な人だ。（　　）

□ 5 人生において**中庸**を心がける。（　　）

□ 6 会社役員が**収賄**の罪で起訴される。（　　）

□ 7 養護**教諭**の資格を取得する。（　　）

□ 8 将来に**禍根**を残すべきでない。（　　）

□ 9 **折衷**案を提示して歩み寄る。（　　）

□ 10 会社の同僚の裏切りに**憤慨**する。（　　）

□ 11 **惰弱**な精神をたたき直す。（　　）

□ 12 幼少から**俊傑**の資性を備える。（　　）

□ 13 税務署の**管轄**区域を調べる。（　　）

□ 14 没落した一族の**系譜**をたどる。（　　）

□ 15 国家の**興廃**に関わる事件が起きる。（　　）

□ 16 我が身の行く末を思い**煩**う。（　　）

□ 17 新店舗の**建坪**を計算する。（　　）

□ 18 **和**やかなムードに包まれる。（　　）

□ 19 激しい雨が視界を**遮**った。（　　）

□ 20 今来た道を**後戻**りする。（　　）

□ 21 栄養が**偏**っていると体調を崩す。（　　）

□ 22 **眺**めのいい場所で弁当を広げる。（　　）

□ 23 スパイは身元を**偽**って活動する。（　　）

書き取り

◆次の――線の**カタカナ**を**漢字**に直せ。

解答➡別冊 P.4

合格点	得点
17/23	/23

□ 1 守勢側が**ギャクシュウ**に転じる。（　　）

□ 2 **キビン**に動いて先回りする。（　　）

□ 3 騒ぎの**ホッタン**は雑誌記事だった。（　　）

□ 4 都心の地価は上昇**ケイコウ**にある。（　　）

□ 5 **イリョウ**保険制度を見直す。（　　）

□ 6 **キュウレキ**の七月は初秋に当たる。（　　）

□ 7 訴訟を起こして**メイヨ**を回復する。（　　）

□ 8 今年の豊作を**キネン**する。（　　）

□ 9 能や**キョウゲン**を鑑賞する。（　　）

□ 10 世相を**フウシ**した絵を描く。（　　）

□ 11 **シャセン**の部分の面積を求める。（　　）

□ 12 テロは報復の**レンサ**を引き起こす。（　　）

□ 13 雨水が土に**シントウ**する。（　　）

□ 14 **サトイモ**はゆでてから皮をむく。（　　）

□ 15 干しシイタケを甘辛く**ニ**る。（　　）

□ 16 深海には**メズラ**しい魚がいる。（　　）

□ 17 クモの巣が**アサツユ**にぬれて光る。（　　）

□ 18 夜九時に**シバイ**が跳ねる。（　　）

□ 19 ほおづえを**ツ**いてぼんやりする。（　　）

□ 20 丁寧な**モノゴシ**で応対する。（　　）

□ 21 部下に指示を**アタ**える。（　　）

□ 22 **トナリ**の家に祖父母が住んでいる。（　　）

□ 23 表札に**カラクサ**模様をあしらう。（　　）

熟語の構成

◆**熟語の構成**のしかたには次のようなものがある。

解答➡別冊P.4

合格点	得点
19/26	/26

ア 同じような意味の漢字を重ねたもの……………（岩石）
イ 反対または対応の意味を表す字を重ねたもの………（高低）
ウ 上の字が下の字を修飾しているもの……………（洋画）
エ 下の字が上の字の目的語・補語になっているもの…（着席）
オ 上の字が下の字の意味を打ち消しているもの……（非常）

次の熟語は右の**ア〜オ**のどれにあたるか、**一つ**選び、**記号**を記せ。

□ 1 災禍（　　）
□ 2 剛柔（　　）
□ 3 暗礁（　　）
□ 4 開廷（　　）
□ 5 無粋（　　）
□ 6 衆寡（　　）
□ 7 酷使（　　）
□ 8 勧奨（　　）
□ 9 脚韻（　　）
□ 10 争覇（　　）
□ 11 明滅（　　）
□ 12 未遂（　　）
□ 13 隠顕（　　）
□ 14 独吟（　　）
□ 15 克己（　　）
□ 16 献呈（　　）
□ 17 枢要（　　）
□ 18 虚実（　　）
□ 19 痴態（　　）
□ 20 殉職（　　）
□ 21 不穏（　　）
□ 22 俊敏（　　）
□ 23 慶弔（　　）
□ 24 叙勲（　　）
□ 25 抑揚（　　）
□ 26 搭乗（　　）

対義語・類義語

◆次の対義語、類義語を後の□の中から選び、漢字で記せ。□内の語は一度だけ使うこと。

解答➡別冊 P.5

合格点	得点
17/24	/24

対義語

□ 1 恥辱—（　　）
□ 2 一括—（　　）
□ 3 削除—（　　）
□ 4 醜聞—（　　）
□ 5 中枢—（　　）

類義語

□ 6 頑丈—（　　）
□ 7 薄情—（　　）
□ 8 激励—（　　）
□ 9 貢献—（　　）
□ 10 肯定—（　　）

きよ・けんご・こぶ・ぜにん・てんか・びだん・ぶんかつ・まったん・めいよ・れいたん

対義語

□ 11 悲哀—（　　）
□ 12 逸材—（　　）
□ 13 謙虚—（　　）
□ 14 記憶—（　　）
□ 15 怠惰—（　　）
□ 16 拘禁—（　　）
□ 17 冗漫—（　　）

類義語

□ 18 発祥—（　　）
□ 19 邸宅—（　　）
□ 20 同等—（　　）
□ 21 普通—（　　）
□ 22 隆盛—（　　）
□ 23 逝去—（　　）
□ 24 首肯—（　　）

えいみん・かんき・かんけつ・きげん・きんべん・こうまん・しゃくほう・じんじょう・なっとく・はんえい・ひってき・ぼうきゃく・ぼんさい・やしき

同音・同訓異字

◆次の——線のカタカナを漢字に直せ。

解答➡別冊P.5

合格点	得点
20/28	/28

1 バラの成長を**ショウ**細に記録する。

2 写真を見て**ショウ**像画を描く。

3 本で読んだことを実**セン**する。

4 角界に**セン**風を巻き起こす。

5 老**キュウ**した船を解体する。

6 事件についての言**キュウ**を避ける。

7 大統領の**ヒ**免が決定した。

8 新築の家を親類に**ヒ**露する。

9 昔話は示**サ**に富んでいる。

10 **サ**欺にあって金品を取られた。

11 周囲が騒いでも**タイ**然としている。

12 郵便物を遅**タイ**なく配達する。

13 警察はある団体を内**テイ**捜査した。

14 退職者に花束を贈**テイ**する。

15 酸素は無味無**シュウ**の気体である。

16 ヒグラシの声に哀**シュウ**を感じる。

17 学生時代の友人と**ソ**遠になった。

18 列強は**ソ**借地の獲得に乗り出した。

19 鳥が羽を広げて威**カク**する。

20 組織の中**カク**となる人物を育てる。

21 残された被災者を救**エン**する。

22 同窓の**エン**故で便宜をはかる。

23 経験を**フ**まえて忠告をする。

24 メーターの針が大きく**フ**れる。

25 **ス**んだ空気を胸一杯に吸い込む。

26 転んで鼻の頭を**ス**りむいた。

27 告別式で恩師との別れを**オ**しむ。

28 げたの鼻**オ**をすげ替える。

漢字と送りがな

◆次の――線のカタカナを**漢字一字**と**送りがな（ひらがな）**に直せ。

解答➡別冊P.5

合格点	得点
17/23	/23

2日目

□1 ペットの猫が死んで**サビシイ**。（　　）

□2 幽玄の美しさで人を**マドワス**。（　　）

□3 ため息をついて天を**アオグ**。（　　）

□4 **クサル**ほど金を持っている。（　　）

□5 思い出が**アザヤカニ**よみがえる。（　　）

□6 くだらない話でお茶を**ニゴス**。（　　）

□7 太陽の光にガラス玉を**スカス**。（　　）

□8 趣味の話題で会話が**ハズム**。（　　）

□9 強風で電柱が**カタムク**。（　　）

□10 職場の人間関係に**ナヤム**。（　　）

□11 **アマヤカナ**花の香りがする。（　　）

□12 明日は**オソラク**雪が降るだろう。（　　）

□13 ナマケモノは動作が**ニブイ**。（　　）

□14 めんつゆを水で**ウスメル**。（　　）

□15 洗濯物を取り込んで**タタム**。（　　）

□16 肉食と飲酒を**イマシメル**。（　　）

□17 出発の時刻が**セマル**。（　　）

□18 体力では兄に**オトル**。（　　）

□19 旅行で日本全国を**メグル**。（　　）

□20 この薬は**オドロク**ほどよく効く。（　　）

□21 **メズラシイ**形の石を集める。（　　）

□22 お客様のご要望を**ウケタマワル**。（　　）

□23 雪道を歩くときは歩幅を**セバメル**。（　　）

3日目 練習ドリル

読み

◆次の――線の**漢字の読みをひらがな**で記せ。

解答➡別冊P.6

合格点	得点
17/23	/23

□ 1 荒涼とした景色が広がる。（　　）

□ 2 税金の還付を受ける。（　　）

□ 3 懸案事項はすべて片づいた。（　　）

□ 4 悠久の時に思いをはせる。（　　）

□ 5 道徳は時代とともに変遷する。（　　）

□ 6 先人の生き方に感銘を受けた。（　　）

□ 7 硬軟自在の戦略を実行する。（　　）

□ 8 郵便番号で所在地を検索する。（　　）

□ 9 トレーニング施設を拡充する。（　　）

□ 10 会議で出た意見を概括する。（　　）

□ 11 だれもが傑作と認める小説を読む。（　　）

□ 12 カメムシは独特の臭気を出す。（　　）

□ 13 金融業者から督促状が届いた。（　　）

□ 14 三つの町が合併して市に昇格する。（　　）

□ 15 不意の質問の返答に窮する。（　　）

□ 16 神の前で永遠の愛を誓う。（　　）

□ 17 髪をまとめてかんざしを挿す。（　　）

□ 18 土砂崩れで山肌がむき出しになる。（　　）

□ 19 仲間と固い握手を交わす。（　　）

□ 20 橋の上から渦潮を見物する。（　　）

□ 21 囚人のジレンマに陥る。（　　）

□ 22 しっかり現実を見据える。（　　）

□ 23 本年度の予算の大枠を決める。（　　）

書き取り

◆次の――線の**カタカナ**を**漢字**に直せ。

解答➡ 別冊 P.6

合格点	得点
17/23	/23

□ 1 残業代は**ベット**支給される。（　　）

□ 2 三日前から**ビネツ**が続いている。（　　）

□ 3 甘い言葉で**カイジュウ**する。（　　）

□ 4 木に**ラクライ**して二つに裂けた。（　　）

□ 5 女の悲鳴が**セイジャク**を破った。（　　）

□ 6 梅雨時は食べ物の**フハイ**が進む。（　　）

□ 7 宇宙開発は**カトキ**を迎えている。（　　）

□ 8 毎晩十時には**シュウシン**する。（　　）

□ 9 先人の技術を**ケイショウ**する。（　　）

□ 10 火山から**フンエン**が上がった。（　　）

□ 11 事実が**コチョウ**されて伝わる。（　　）

□ 12 雑務に**ボウサツ**される。（　　）

□ 13 宮殿の造営に**ジンリョク**する。（　　）

□ 14 成功する望みは**ウス**い。（　　）

□ 15 下腹部に**ニブ**い痛みがある。（　　）

□ 16 不要不急の外出を**サ**ける。（　　）

□ 17 右の**ウデ**に時計をはめる。（　　）

□ 18 遊園地のお化け**ヤシキ**に入る。（　　）

□ 19 雪遊びで手が**シモ**焼けになる。（　　）

□ 20 ピラニアは**スルド**い歯を持つ。（　　）

□ 21 **メス**のオシドリは羽の色が地味だ。（　　）

□ 22 世界平和のために**イノ**る。（　　）

□ 23 **カナアミ**に魚をのせて焼く。（　　）

熟語の構成

◆**熟語の構成**のしかたには次のようなものがある。

解答➡別冊P.6

合格点	得点
19/26	/26

ア 同じような意味の漢字を重ねたもの…………（岩石）
イ 反対または対応の意味を表す字を重ねたもの……（高低）
ウ 上の字が下の字を修飾しているもの…………（洋画）
エ 下の字が上の字の目的語・補語になっているもの…（着席）
オ 上の字が下の字の意味を打ち消しているもの……（非常）

次の熟語は右の**ア～オ**のどれにあたるか、**一つ**選び、**記号**を記せ。

□ 1 存廃（　）
□ 2 懇談（　）
□ 3 媒介（　）
□ 4 巧拙（　）
□ 5 還元（　）
□ 6 享受（　）
□ 7 去就（　）
□ 8 未踏（　）
□ 9 罷業（　）
□ 10 任免（　）
□ 11 賠償（　）
□ 12 旋風（　）
□ 13 逸話（　）
□ 14 不肖（　）
□ 15 旅愁（　）
□ 16 虜囚（　）
□ 17 迎賓（　）
□ 18 盗塁（　）
□ 19 未了（　）
□ 20 愉悦（　）
□ 21 漆黒（　）
□ 22 上棟（　）
□ 23 頻発（　）
□ 24 硬軟（　）
□ 25 雅俗（　）
□ 26 奔流（　）

四字熟語

◆次の**四字熟語**について、〔問1〕と〔問2〕に答えよ。

合格点	得点
17/23	/23

〔問1〕後の□内のひらがなを**漢字**にして1～16に入れ、**四字熟語**を完成せよ。□内のひらがなは一度だけ使い、**一字記入**せよ。

□ア 異（1）邪説

□イ 悠悠自（2）

□ウ （3）非善悪

□エ 五里（4）中

□オ 物情（5）然

□カ 当意（6）妙

□キ 竜頭蛇（7）

□ク 信賞必（8）

□ケ 天下（9）免

□コ 優勝（10）敗

□サ 厚顔無（11）

□シ 謹（12）実直

□ス 一（13）打尽

□セ 孤軍奮（14）

□ソ 禍（15）得喪

□タ （16）知徹底

げん・ご・しゅう・ぜ・そう・そく・たん・ち・てき・とう・ばつ・び・ふく・む・もう・れつ

〔問2〕次の17～23の**意味**にあてはまるものを〔問1〕**のア～タの四字熟語**から**一つ**選び、**記号**を記せ。

□17 世事にわずらわされず心静かに暮らす。（　）

□18 軽率さがなく真面目なこと。（　）

□19 幸運もあれば災いもあるということ。（　）

□20 正統と認められていない教えや説のこと。（　）

□21 世間に公認されていること。（　）

□22 悪人たちをいっせいにとらえること。（　）

□23 強者が生き残り、弱者が滅びること。（　）

同音・同訓異字

◆次の――線のカタカナを漢字に直せ。

解答➡別冊P.7

合格点	得点
20/28	/28

□ 1 **ユウ**長にかまえてはいられない。（　　）

□ 2 子だくさんでお金に余**ユウ**がない。（　　）

□ 3 **ボン**庸で面白みに欠ける小説だ。（　　）

□ 4 趣味の**ボン**栽を庭に並べる。（　　）

□ 5 食物繊**イ**の多い野菜を食べる。（　　）

□ 6 カメラマンに仕事を**イ**頼する。（　　）

□ 7 式の**フン**囲気を盛り上げる。（　　）

□ 8 大切な書類が**フン**失した。（　　）

□ 9 姉は少女時代の母に酷**ジ**している。（　　）

□ 10 **ジ**養のある物を食べて療養する。（　　）

□ 11 厄**カイ**なことに巻き込まれた。（　　）

□ 12 祖父は団**カイ**の世代だ。（　　）

□ 13 **カン**静な町並みを歩く。（　　）

□ 14 生命保険の約**カン**に目を通す。（　　）

□ 15 駅に近い賃**タイ**マンションを探す。（　　）

□ 16 長年の忍**タイ**強い努力が実る。（　　）

□ 17 公園の桜が一**セイ**に咲いた。（　　）

□ 18 主将が選手宣**セイ**をつとめる。（　　）

□ 19 万引きの**ケン**疑をかけられた。（　　）

□ 20 批判には**ケン**虚に耳を傾ける。（　　）

□ 21 英語サークルを主**サイ**する。（　　）

□ 22 ドローンに携帯電話を搭**サイ**する。（　　）

□ 23 美容師を辞めて家業を**ツ**ぐ。（　　）

□ 24 大根を三杯酢に**ツ**ける。（　　）

□ 25 水を大量に飲んで**ウ**えをしのぐ。（　　）

□ 26 桃が**ウ**れて甘くなる。（　　）

□ 27 錠前を**ハズ**して侵入する。（　　）

□ 28 同郷の友人との会話が**ハズ**む。（　　）

誤字訂正

◆次の各文にまちがって使われている**同じ読みの漢字**が**一字**ある。**上の（　）**に**誤字**を、**下の［　］に正しい漢字**を記せ。

解答➡別冊P.7

合格点	得点
10/14	/14

□ 1 最優秀賞に輝いた映画官督は、転身前はテレビドラマの演出家だった。（　）［　］

□ 2 彼女はたくさん練習し、舞踏会では華礼なダンスを披露した。（　）［　］

□ 3 意思の伝達を円滑にするために相手や場面に配慮した言葉遣いを心懸ける。（　）［　］

□ 4 警視庁は振り込め詐欺組織の拠点を適発し、五人の男を現行犯逮捕した。（　）［　］

□ 5 村の復興に寄預した功績をたたえ、ボランティア団体に表彰状が贈られた。（　）［　］

□ 6 貝殻の構造に着想を得てガラスのように透明で衝激に強い素材が開発された。（　）［　］

□ 7 靴の中で汗をかいて蒸れた足は雑菌が範殖しやすくなり、臭いの元となる。（　）［　］

□ 8 中古品を頒売する際には、警察署に許可証を申請しなければならない。（　）［　］

□ 9 緊急の場合に備えて、ビルの廊下に掲示されている非難経路図を確認する。（　）［　］

□ 10 新聞社は、取材記者に対する当局の威圧と暴行に厳重に攻議し謝罪を求めた。（　）［　］

□ 11 倒置法や体言止め、反復や押韻などの表現技巧を苦使して詩歌を作る。（　）［　］

□ 12 人の活動が自然を破戒し生態系に影響を及ぼしていることを認識すべきだ。（　）［　］

□ 13 無形文化遺産に登録されたことを契機に、和食は海外の客光を浴びた。（　）［　］

□ 14 国は高齢者の自立を支延するロボットの実用に向けて本腰を入れ始めた。（　）［　］

4日目 練習ドリル

読み

◆次の——線の**漢字の読み**を**ひらがな**で記せ。

解答➡別冊P.8

合格点	得点
17/23	/23

□ 1 全国**制覇**を目標に掲げる。（　　）

□ 2 防衛関連の株価が**急騰**した。（　　）

□ 3 候補者は**自薦**のみ受け付ける。（　　）

□ 4 国際貿易の**均衡**が崩れる。（　　）

□ 5 その行為は権限を**逸脱**している。（　　）

□ 6 結婚の儀式が**粛々**と進む。（　　）

□ 7 容体は**漸次**回復に向かっている。（　　）

□ 8 **過酷**な条件下で働かされる。（　　）

□ 9 **備忘録**代わりに日記をつける。（　　）

□ 10 **中枢**神経に作用する薬を飲む。（　　）

□ 11 **寡少**な人員を効率よく配置する。（　　）

□ 12 熟睡すると目覚めは**壮快**だ。（　　）

□ 13 祭りの出店で**駄菓子**を買う。（　　）

□ 14 物証がなく**捜査**が難航する。（　　）

□ 15 人類学の**泰斗**として仰がれる。（　　）

□ 16 **謹**んで哀悼の意を表します。（　　）

□ 17 **夕映**えの空をカラスが飛ぶ。（　　）

□ 18 **漆**に触ってかぶれた。（　　）

□ 19 木の幹にセミの**殻**を見つけた。（　　）

□ 20 **性懲**りもなく株に手を出す。（　　）

□ 21 **戸棚**から食器を出す。（　　）

□ 22 水をポンプから**筒先**に送る。（　　）

□ 23 ライバルに**一泡**吹かせる。（　　）

書き取り

◆次の――線の**カタカナ**を**漢字**に直せ。

合格点	得点
17/23	/23

□ 1 **キュウカ**を取ってハワイへ行く。（　　）

□ 2 人気商品の注文が**サットウ**する。（　　）

□ 3 **ソウゴ**理解を深める努力をする。（　　）

□ 4 子供に無断**ガイハク**を禁じる。（　　）

□ 5 暗くないと**アンミン**できない。（　　）

□ 6 生活の**キョテン**をカナダに移す。（　　）

□ 7 **クッキョウ**なレスラーと戦う。（　　）

□ 8 仲人が**エンダン**をまとめる。（　　）

□ 9 弁護士が被告人に**ギワク**を抱く。（　　）

□ 10 列車が二時間も**チエン**した。（　　）

□ 11 山海の**チンミ**に舌鼓を打つ。（　　）

□ 12 **トウトツ**に別れ話を切り出す。（　　）

□ 13 **エンリョ**して本音が言えない。（　　）

□ 14 朝早く起きて弁当を**ツ**める。（　　）

□ 15 気持ちが高ぶって声を**アラダ**てる。（　　）

□ 16 子育てを実家の親に**タヨ**る。（　　）

□ 17 **ムナサワ**ぎがして落ち着かない。（　　）

□ 18 犯人の**ミガラ**を確保する。（　　）

□ 19 賃金が**オオハバ**に削減された。（　　）

□ 20 山道で人がヒグマに**オソ**われる。（　　）

□ 21 赤札から**サラ**に一割値引きする。（　　）

□ 22 高く**ハズ**む球をラケットで打つ。（　　）

□ 23 昭和の**オモムキ**を残す下町を歩く。（　　）

四字熟語

◆次の**四字熟語**について、〔問1〕と〔問2〕に答えよ。

解答➡別冊P.8

合格点	得点
17/23	/23

〔問1〕 後の□内のひらがなを**漢字**にして1～16に入れ、**四字熟語**を完成せよ。□内のひらがなは一度だけ使い、**一字記入**せよ。

□**ア** 夏炉冬（1）

□**イ** 冠（2）葬祭

□**ウ** 熟（3）断行

□**エ** 鶏口（4）後

□**オ** 安寧秩（5）

□**カ** （6）髪衝天

□**キ** 同（7）異夢

□**ク** 千（8）万紅

□**ケ** 一念（9）起

□**コ** （10）面仏心

□**サ** 多岐（11）羊

□**シ** 無（12）自然

□**ス** 支（13）滅裂

□**セ** 栄（14）盛衰

□**ソ** 難（15）不落

□**タ** 比（16）連理

い・き・ぎゅう・こ・こう・こん・し・じょ・しょう・せん・ど・ぼう・ほっ・よく・り・りょ

〔問2〕 次の17～23の**意味**にあてはまるものを**〔問1〕のア～タの四字熟語**から**一つ**選び、**記号**を記せ。

□17 世の中が平穏で整っていること。（　　）

□18 よく考え、心を決めて事をなすこと。（　　）

□19 夫婦の仲むつまじいことのたとえ。（　　）

□20 小さな集団でも人の上に立つ方がよい。（　　）

□21 ばらばらでまとまりのないこと。（　　）

□22 思い立って物事を始めようとすること。（　　）

□23 方針がありすぎて選択に迷うこと。（　　）

対義語・類義語

◆次の**対義語**、**類義語**を後の□の中から選び、**漢字**で記せ。□内の語は一度だけ使うこと。

解答➡別冊 P.9

合格点 17/24　得点 /24

対義語

□ 1 中庸—（　　）

□ 2 希釈—（　　）

□ 3 恭順—（　　）

□ 4 富裕—（　　）

□ 5 醜悪—（　　）

類義語

□ 6 奔走—（　　）

□ 7 輸送—（　　）

□ 8 猶予—（　　）

□ 9 慶賀—（　　）

□ 10 秀逸—（　　）

うんぱん・えんき・きょくたん・しゅくふく・じんりょく・のうしゅく・ばつぐん・はんこう・びれい・ひんこん

対義語

□ 11 凡庸—（　　）

□ 12 湿潤—（　　）

□ 13 寛容—（　　）

□ 14 罷免—（　　）

□ 15 享楽—（　　）

□ 16 剛健—（　　）

□ 17 暫時—（　　）

類義語

□ 18 不意—（　　）

□ 19 懲戒—（　　）

□ 20 普遍—（　　）

□ 21 勲功—（　　）

□ 22 懇意—（　　）

□ 23 伯仲—（　　）

□ 24 変遷—（　　）

いだい・いっぱん・かんそう・きんよく・げんかく・こうきゅう・ごかく・しょばつ・しんみつ・すいい・てがら・とうとつ・にゅうじゃく・にんめい

同音・同訓異字

◆次の——線のカタカナを漢字に直せ。

解答➡別冊 P.9

合格点	得点
20/28	/28

□ 1 レム**スイ**眠のときに夢を見る。（　　）

□ 2 美しいハープの音色に陶**スイ**する。（　　）

□ 3 広場の**チョウ**刻を鑑賞する。（　　）

□ 4 **チョウ**望のよい部屋を予約する。（　　）

□ 5 やかんの湯が沸**トウ**している。（　　）

□ 6 輸送艦に戦車を**トウ**載する。（　　）

□ 7 臨時収入の使**ト**を考える。（　　）

□ 8 生まれた子犬を譲**ト**する。（　　）

□ 9 授業でカエルの解**ボウ**を行う。（　　）

□ 10 綿の**ボウ**績工場で働く。（　　）

□ 11 その場の状況で適**ギ**判断する。（　　）

□ 12 うわさの真**ギ**を確かめる。（　　）

□ 13 師匠に一**カツ**されてしょげる。（　　）

□ 14 運営を包**カツ**的に外部委託する。（　　）

□ 15 この長編は各章の**ソウ**話が面白い。（　　）

□ 16 勇**ソウ**な武者の舞が披露された。（　　）

□ 17 大名の系**フ**を引く一族に生まれる。（　　）

□ 18 貧困のため住宅**フ**助を受ける。（　　）

□ 19 敵の**モウ**点を突いて攻め込む。（　　）

□ 20 自転車のタイヤが摩**モウ**した。（　　）

□ 21 筆に墨**ジュウ**をたっぷりつける。（　　）

□ 22 **ジュウ**面で嫌悪をあらわにした。（　　）

□ 23 豆腐を使った料理に**コ**っている。（　　）

□ 24 火力が強すぎて肉を**コ**がす。（　　）

□ 25 俳優が一人二役を**カ**ねる。（　　）

□ 26 命を**カ**けて国を守る覚悟だ。（　　）

□ 27 来客用のスリッパを**ハ**く。（　　）

□ 28 湖面が月光に照り**ハ**える。（　　）

漢字と送りがな四

◆次の——線のカタカナを**漢字一字と送りがな（ひらがな）**に直せ。

解答➡別冊 P.9

合格点	得点
17/23	/23

□ 1 焼いたパンをスープに**ヒタス**。（　　）

□ 2 **ハジラウ**ように目を伏せる。（　　）

□ 3 トイレの漏水で迷惑を**コウムル**。（　　）

□ 4 鉄分を多く**フクム**温泉は赤い。（　　）

□ 5 現状を**フマエ**て予測する。（　　）

□ 6 **ナゲカワシイ**事件が続く。（　　）

□ 7 動物の足音に耳を**スマス**。（　　）

□ 8 除草剤をまいて雑草を**カラス**。（　　）

□ 9 大臣は五か国語を**アヤツル**。（　　）

□ 10 **ホコラシイ**顔で表彰台に立つ。（　　）

□ 11 買ったばかりのテレビが**コワレル**。（　　）

□ 12 携帯の着信音が鳴り**ヒビク**。（　　）

□ 13 一度味を**シメル**とやめられない。（　　）

□ 14 書斎のソファに身を**シズメル**。（　　）

□ 15 虫取り網でチョウを**ツカマエル**。（　　）

□ 16 一人前の大人として**アツカウ**。（　　）

□ 17 千人以上の従業員を**カカエル**。（　　）

□ 18 八代将軍は名君の**ホマレ**が高い。（　　）

□ 19 誠実で**タノモシイ**若者に育つ。（　　）

□ 20 **クチル**ことのない名声を得る。（　　）

□ 21 上司に進退を**ウカガウ**。（　　）

□ 22 ストレスが健康に害を**オヨボス**。（　　）

□ 23 ダイヤモンドが光り**カガヤク**。（　　）

5日目 練習ドリル

書き取り

◆次の——線の**カタカナ**を漢字に直せ。

解答➡別冊 P.10

合格点	得点
35/49	/49

□ 1 外交**シュワン**を発揮する。（　　）

□ 2 だれかが通った**ケイセキ**がある。（　　）

□ 3 川沿いに**テイボウ**を築く。（　　）

□ 4 二人には**アンモク**の了解がある。（　　）

□ 5 中学校では**レットウ**生だった。（　　）

□ 6 **キンリン**諸国を旅行する。（　　）

□ 7 責任を巧みに**カイヒ**する。（　　）

□ 8 泥棒と**カクトウ**してねじ伏せた。（　　）

□ 9 ロボット産業が**ヤクシン**を遂げる。（　　）

□ 10 ラジオから**カヨウ**曲が流れる。（　　）

□ 11 アオキは**タイカン**性のある木だ。（　　）

□ 12 会社から**カイキン**賞をもらった。（　　）

□ 13 **シュビ**よく一点差で逃げ切った。（　　）

□ 14 あごに**ツウレツ**なパンチを食らう。（　　）

□ 15 事業発展のために**エイイ**努力する。（　　）

□ 16 鉛筆で**ノウタン**をつけて描く。（　　）

□ 17 一つ上の**センパイ**に恋をする。（　　）

□ 18 時間の都合で説明を**カツアイ**する。（　　）

□ 19 試合の**ジョバン**から攻める。（　　）

□ 20 名簿に名前と住所を**キサイ**する。（　　）

□ 21 消費税の値上げに**コウギ**する。（　　）

□ 22 生活困窮者を**エンゴ**する。（　　）

□ 23 小・中学校の校長を**ケンム**する。（　　）

□ 24 本の**ヘンキャク**期日を守る。（　　　　）

□ 25 鮮やかな**シキサイ**の絵を飾る。（　　　　）

□ 26 室内に声が**ハンキョウ**する。（　　　　）

□ 27 この社会は**カタガ**きが物を言う。（　　　　）

□ 28 漫画は日本が**ホコ**る文化の一つだ。（　　　　）

□ 29 船酔いで胃の中のものを**ハ**いた。（　　　　）

□ 30 小腹が空いて**チャヅ**けを食べる。（　　　　）

□ 31 **ヨワタ**りのうまい人は口が達者だ。（　　　　）

□ 32 洗ったセーターを**カゲボ**しする。（　　　　）

□ 33 育ててくれた師の遺志を**ツ**ぐ。（　　　　）

□ 34 大型連休は**コヨミ**通りに営業する。（　　　　）

□ 35 **サワ**登りで初めての滝に挑戦する。（　　　　）

□ 36 権力をかさに着て威張り**クサ**る。（　　　　）

□ 37 蚊にまぶたを**サ**された。（　　　　）

□ 38 布団を**タタ**んで押し入れにしまう。（　　　　）

□ 39 細い金の**クサリ**が切れてしまった。（　　　　）

□ 40 来週は**オソザ**きのバラが見ごろだ。（　　　　）

□ 41 湯に足を**ヒタ**して温める。（　　　　）

□ 42 **タケ**の短いスカートがはやりだ。（　　　　）

□ 43 コンバインで**イネカ**りをする。（　　　　）

□ 44 勝つために全力を**ツ**くす。（　　　　）

□ 45 お客様を笑顔で**ムカ**える。（　　　　）

□ 46 美しく**ス**んだ鈴の音が聞こえる。（　　　　）

□ 47 上司の指示をいちいち**アオ**ぐ。（　　　　）

□ 48 お盆を過ぎれば暑さが**ヤワ**らぐ。（　　　　）

□ 49 無用な殺生を**イマシ**める。（　　　　）

読み

◆次の——線の漢字の読みをひらがなで記せ。

解答➡別冊P.10

合格点	得点
17/23	/23

□ 1 東京駅には貴賓室がある。（　　）

□ 2 つかの間の享楽にふける。（　　）

□ 3 貸借対照表を作成する。（　　）

□ 4 祖父は剛直な人柄だったらしい。（　　）

□ 5 このまま安閑としてはいられない。（　　）

□ 6 神社に参って母の快癒を願う。（　　）

□ 7 二十歳で初めて献血をした。（　　）

□ 8 試験に頻出する単語を覚える。（　　）

□ 9 のこぎりの刃を研磨する。（　　）

□ 10 自叙伝を書いて人生を振り返る。（　　）

□ 11 店の主人と懇意にしている。（　　）

□ 12 漢詩や和歌を吟詠する。（　　）

□ 13 外資系の金融機関で働く。（　　）

□ 14 授業開始の五分前に予鈴が鳴る。（　　）

□ 15 頑として首を縦に振らない。（　　）

□ 16 料理の最後に塩で味を調える。（　　）

□ 17 大根おろしの汁は風邪に効く。（　　）

□ 18 醜い相続争いに巻き込まれる。（　　）

□ 19 祖母の死を悼み喪に服す。（　　）

□ 20 寺院の扉絵は創建当時のものだ。（　　）

□ 21 大物歌手の登場に場内が沸く。（　　）

□ 22 二十年服役して罪を償う。（　　）

□ 23 ハイエナが獲物の骨をかみ砕く。（　　）

部首

◆次の漢字の**部首**を記せ。

解答➡別冊P.10

合格点	得点
26/36	/36

例 開（門）

1 甚（　）
2 麻（　）
3 戻（　）
4 薫（　）
5 亭（　）
6 充（　）
7 弊（　）

8 翁（　）
9 碁（　）
10 褒（　）
11 虞（　）
12 爵（　）
13 升（　）
14 韻（　）

15 羅（　）
16 辱（　）
17 尿（　）
18 凸（　）
19 且（　）
20 竜（　）
21 殉（　）
22 勅（　）
23 靴（　）
24 妥（　）
25 泰（　）

26 昆（　）
27 喪（　）
28 衝（　）
29 尉（　）
30 軟（　）
31 再（　）
32 酌（　）
33 窯（　）
34 呉（　）
35 蛍（　）
36 臭（　）

熟語の構成

◆**熟語の構成**のしかたには次のようなものがある。

解答➡別冊P.11

合格点 19/26　得点 /26

ア 同じような意味の漢字を重ねたもの……（岩石）
イ 反対または対応の意味を表す字を重ねたもの……（高低）
ウ 上の字が下の字を修飾しているもの……（洋画）
エ 下の字が上の字の目的語・補語になっているもの…（着席）
オ 上の字が下の字の意味を打ち消しているもの……（非常）

次の熟語は右の**ア〜オ**のどれにあたるか、**一つ**選び、**記号**を記せ。

□ 1 防疫（　　）
□ 2 不詳（　　）
□ 3 疎密（　　）
□ 4 拙劣（　　）
□ 5 偏在（　　）
□ 6 収賄（　　）
□ 7 擬似（　　）
□ 8 美醜（　　）
□ 9 未納（　　）
□ 10 謹聴（　　）
□ 11 濫獲（　　）
□ 12 遮音（　　）
□ 13 珠玉（　　）
□ 14 酪農（　　）
□ 15 造幣（　　）
□ 16 把握（　　）
□ 17 余剰（　　）
□ 18 精粗（　　）
□ 19 浄財（　　）
□ 20 抗菌（　　）
□ 21 寛厳（　　）
□ 22 繁閑（　　）
□ 23 緒論（　　）
□ 24 彼我（　　）
□ 25 無謀（　　）
□ 26 遷都（　　）

四字熟語

◆次の**四字熟語**について、〔問1〕と〔問2〕に答えよ。

解答➡ 別冊P.11

合格点	得点
17/23	/23

〔問1〕 後の□内のひらがなを**漢字**にして1～16に入れ、**四字熟語**を完成せよ。□内のひらがなは一度だけ使い、**一字記入**せよ。

□ア 神出（1）没

□イ 美辞（2）句

□ウ 心頭滅（3）

□エ 少壮気（4）

□オ 質実剛（5）

□カ 初（6）貫徹

□キ 外（7）内剛

□ク 旧態（8）然

□ケ （9）天動地

□コ 雲散（10）消

□サ 英俊（11）傑

□シ 傍（12）無人

□ス 色即（13）空

□セ 百（14）錬磨

□ソ 群雄割（15）

□タ 堅忍不（16）

い・えい・き・きゃく・きょ・きょう・けん・ごう・し・じゃく・じゅう・ぜ・せん・ばつ・む・れい

〔問2〕 次の17～23の**意味**にあてはまるものを〔問1〕**のア～タの四字熟語**から**一つ**選び、**記号**を記せ。

□17 人並み外れてすぐれた人物。（　）

□18 飾り気がなく心身がたくましいさま。（　）

□19 我慢強く何事にも動じないこと。（　）

□20 経験を積んで鍛えられていること。（　）

□21 心に決めたことをやり通すこと。（　）

□22 昔のままで進歩も変化もないさま。（　）

□23 自由自在に現れたり隠れたりすること。（　）

対義語・類義語

解答➡別冊P.12

◆次の**対義語**、**類義語**を後の［　］の中から選び、**漢字**で記せ。［　］内の語は一度だけ使うこと。

合格点	得点
17/24	/24

対義語

□ 1 閑暇―（　　）

□ 2 疎遠―（　　）

□ 3 傑物―（　　）

□ 4 浄化―（　　）

□ 5 左遷―（　　）

類義語

□ 6 将来―（　　）

□ 7 哀訴―（　　）

□ 8 忍耐―（　　）

□ 9 干渉―（　　）

□ 10 回顧―（　　）

えいてん・おせん・かいにゅう・がまん・しんみつ・ぜんと・たぼう・たんがん・ついおく・ぼんじん

対義語

□ 11 高尚―（　　）

□ 12 隆起―（　　）

□ 13 漠然―（　　）

□ 14 購入―（　　）

□ 15 懐柔―（　　）

□ 16 擁護―（　　）

□ 17 哀悼―（　　）

類義語

□ 18 幽閉―（　　）

□ 19 紛糾―（　　）

□ 20 酌量―（　　）

□ 21 根底―（　　）

□ 22 看過―（　　）

□ 23 懇切―（　　）

□ 24 熟睡―（　　）

あんみん・いあつ・かんきん・きばん・こうりょ・こんらん・しゅくが・しんがい・せんめい・ちんこう・ていぞく・ていちょう・ばいきゃく・もくにん

誤字訂正

◆次の各文にまちがって使われている**同じ読みの漢字**が**一字**ある。**上の（　）に誤字を**、**下の［　］に正しい漢字**を記せ。

解答➡別冊P.12

合格点	得点
10/14	/14

□ 1 ふるさと祭りでは、趣味や特技を披郎してくれる出演者を募集している。（　）［　］

□ 2 姉は駅伝で歴代四位の区間賞を獲得し、チームの初優勝に貢献した。（　）［　］

□ 3 歩行者の通行の妨げになっていた、駅前の放置自転車が一斉に撤拠された。（　）［　］

□ 4 開会式では荘厳な雰意気の中、オーケストラの伴奏で国歌斉唱が行われた。（　）［　］

□ 5 実家の老旧化が進んでいるので賃貸アパートに建て替えることを検討する。（　）［　］

□ 6 ロケットに搭載していた気象観測衛星の分離に失敗し、軌道投入できなかった。（　）［　］

□ 7 放火事件の解決につながる有力な情報を呈供した人に謝礼金が支払われた。（　）［　］

□ 8 有名人同士の結婚とあって、式場には各界の剛華な顔ぶれが並んだ。（　）［　］

□ 9 洗濯機が故衝して、脱水のときに異常な音がしたり激しく振動したりした。（　）［　］

□ 10 高齢化の現状を鑑みるに、医料費の自己負担割合の引き上げは不可避である。（　）［　］

□ 11 全国的に晴れて気温が上昇し、東京都心でも猛暑日の連続記録を向新した。（　）［　］

□ 12 吹雪で捜索は難航しており、以然として登山客二人の行方が分かっていない。（　）［　］

□ 13 長年活役してきた麻薬探知犬が引退し、一般家庭で余生を送ることになった。（　）［　］

□ 14 寒波に見舞われた九州地方では昨冬の電力授要を大幅に超えると予想された。（　）［　］

模擬試験①

制限時間	合格点	得点
60分	140/200	/200

1

次の――線の**漢字の読み**を**ひらがな**で記せ。

各1点 ／30

1 恩師を主賓として招く。（　　）
2 道路が陥没して穴があいた。（　　）
3 寺院の中は粛然としていた。（　　）
4 部下を閑職に追いやる。（　　）
5 文学全集七巻が逐次出版される。（　　）
6 容姿の美醜にこだわる。（　　）
7 偏向した教育を施される。（　　）
8 この小説の最後の一文が秀逸だ。（　　）
9 自治体の財政が窮迫する。（　　）
10 日が高くなるまで惰眠をむさぼる。（　　）
11 決算の時期は煩忙をきわめる。（　　）
12 証言台に立って宣誓する。（　　）

2

次の漢字の**部首**を記せ。

各1点 ／10

㊎ 開（門）

1 奔（　　）
2 升（　　）
3 嗣（　　）
4 麻（　　）
5 甚（　　）
6 亜（　　）
7 戻（　　）
8 栽（　　）
9 丙（　　）
10 衡（　　）

13 株の**騰貴**を見定めて売る。（　　）

14 深い**憂愁**に閉ざされる。（　　）

15 **寡聞**にして存じ上げません。（　　）

16 副作用の**顕著**な例が口の渇きだ。（　　）

17 降伏するよう**懇々**と説得する。（　　）

18 展望台からの眺めは**壮観**だった。（　　）

19 **吟醸**酒を冷やして飲む。（　　）

20 不良債権を**償却**する。（　　）

21 手首に指をあてて脈を**診**る。（　　）

22 **忍**び足で部屋を横切る。（　　）

23 落花生の**渋皮**には栄養がある。（　　）

24 この紙はつるつるした**肌合**いだ。（　　）

25 和室の窓から**坪庭**が見える。（　　）

26 真剣な**面持**ちでうなずく。（　　）

27 小児は半額。**但**し、本日限り。（　　）

28 かんで含めるように**諭**す。（　　）

29 アルバイトをして学費を**賄**う。（　　）

30 有名な陶芸家の**窯元**を訪れる。（　　）

3

熟語の構成のしかたには次のようなものがある。

各2点　／20

ア 同じような意味の漢字を重ねたもの……………（岩石）

イ 反対または対応の意味を表す字を重ねたもの……（高低）

ウ 上の字が下の字を修飾しているもの……………（洋画）

エ 下の字が上の字の目的語・補語になっているもの…（着席）

オ 上の字が下の字の意味を打ち消しているもの……（非常）

次の熟語は右の**ア**～**オ**のどれにあたるか、**一つ**選び、**記号**を記せ。

1 腐臭（　　）

2 不粋（　　）

3 禍福（　　）

4 安寧（　　）

5 廃刊（　　）

6 未詳（　　）

7 座礁（　　）

8 親疎（　　）

9 濫造（　　）

10 旋回（　　）

6日目

4

次の**四字熟語**について、〈**問1**〉と〈**問2**〉に答えよ。

〈**問1**〉 後の□内のひらがなを**漢字**にして1～10に入れ、**四字熟語**を完成せよ。□内のひらがなは一度だけ使い、**一字記入**せよ。

各２点　／20

ア　南（1）北馬

イ　（2）天動地

ウ　（3）止千万

エ　（4）思黙考

オ　栄（5）盛衰

カ　比（6）連理

キ　巧（7）拙速

ク　呉越同（8）

5

次の1～5の**対義語**、6～10の**類義語**を後の□の中から選び、**漢字**で記せ。□内の語は一度だけ使うこと。

各２点　／20

対義語

1　清浄―（　　）

2　煩雑―（　　）

3　召還―（　　）

4　高尚―（　　）

5　凡庸―（　　）

類義語

6　窮乏―（　　）

7　勲功―（　　）

8　克明―（　　）

9　肯定―（　　）

10　貢献―（　　）

ケ　天下（9　）免

コ　勇（10　）果敢

きょう・こ・ご・しゅう・しょう・せん・ち・ちん・もう・よく

〈問2〉　次の11〜15の**意味**にあてはまるものを**〈問1〉のア〜コの四字熟語**から**一つ**選び、**記号**を記せ。

各2点　／10

11 この上なくばかげているさま。（　）

12 雄々しく大胆に行動すること。（　）

13 夫婦の仲むつまじいことのたとえ。（　）

14 あちこちせわしなく旅行すること。（　）

15 だれにもはばからず振る舞えること。（　）

いだい・おだく・かんりゃく・きよ・ぜにん・たんねん・ていぞく・てがら・はけん・ひんこん

6

次の——線の**カタカナ**を**漢字**に直せ。

各2点　／20

1 楽**フ**を見ながら歌を歌う。（　）

2 家族と別れて海外に**フ**任する。（　）

3 身上調査で探**テイ**を雇う。（　）

4 小中学生が首相官**テイ**を見学する。（　）

5 大企業の不**ショウ**事が発覚した。（　）

6 レベッカの愛**ショウ**はベッキーだ。（　）

7 警察に事故の経**イ**を説明する。（　）

8 熊が立ち上がって**イ**嚇する。（　）

9 品質と価格の**カ**ね合いが難しい。（　）

10 好奇心に**カ**られて箱をのぞいた。（　）

7

次の各文にまちがって使われている**同じ読みの漢字**が**一字**ある。
上の（　）に誤字を、
下の［　］に正しい漢字を記せ。

各2点　／10

1 披疑者は検察庁に出頭を命じられ、事情聴取を受けたが黙秘を続けた。（　）［　］

2 かつて交通の要衝でもあった門前町は、旅人や参拝する講中で活境を呈した。（　）［　］

3 大統領の初来日を控えて、駅周辺や販華街で警備が更に厳重になった。（　）［　］

4 租税回非は違法行為ではないが、国益を損なうという見地からは不当と言える。（　）［　］

5 絹や木綿などの織衣は吸湿性が高いので、摩擦による静電気が起きにくい。（　）［　］

9

次の——線の**カタカナ**を**漢字**に直せ。

各2点　／50

1 劇の**キャクホン**を書く。（　）

2 書家の**ヒッセキ**をまねる。（　）

3 王族は富と権力を**コジ**した。（　）

4 強豪と**ゴカク**に戦った。（　）

5 **シカク**を送って将軍を暗殺する。（　）

6 **ソウゾウ**しい音に耳をふさぐ。（　）

7 キリスト教を**シンコウ**する。（　）

8 父は**ネツレツ**な野球ファンだ。（　）

9 凸レンズは光を**クッセツ**させる。（　）

10 **ヨカ**を利用して園芸を楽しむ。（　）

11 月は**ワクセイ**ではない。（　）

8 次の――線の**カタカナ**を**漢字一字**と**送りがな(ひらがな)**に直せ。

各2点　／10

例　ボールを**ナゲル**。（投げる）

1 夜の森を歩くのは**オソロシイ**。（　　）

2 良心に**ハジル**ようなことはしない。（　　）

3 子供の話に耳を**カタムケル**。（　　）

4 少年には**カガヤカシイ**未来がある。（　　）

5 時とともに記憶が**ウスラグ**。（　　）

---

12 足が**キョクタン**に短い犬を飼う。（　　）

13 **ロクジョウ**一間に猫と住む。（　　）

14 詩の**カイシャク**は人それぞれだ。（　　）

15 弟は服の**シュミ**が悪い。（　　）

16 **シバフ**を刈って手入れする。（　　）

17 **ツツミ**を築いて水をためる。（　　）

18 祖父の頭に**シラガ**が増えていた。（　　）

19 **ウデダメ**しにコンテストに出る。（　　）

20 神に**イノ**りをささげる。（　　）

21 孫はかわいいの一語に**ツ**きる。（　　）

22 フェリーの欠航で予定が**クル**った。（　　）

23 床にカーペットを**シ**く。（　　）

24 バスの運賃は**イク**らですか。（　　）

25 姉と妹は負けず**オト**らず賢い。（　　）

六　6日目

模擬試験②

制限時間 60分

合格点 140/200

得点 /200

1 次の——線の**漢字の読み**を**ひらがな**で記せ。

各1点 /30

1 いかにも頑健な体つきだ。
2 叙景文の書き方を学ぶ。
3 ニュースの真偽を確かめる。
4 昆虫は花粉を媒介する。
5 内容は良いが文章が稚拙だ。
6 店の金を横領して懲戒解雇された。
7 パソコンに閲覧の履歴が残る。
8 漆器は日本を代表する伝統工芸だ。
9 全国の銘菓を食べてみたい。
10 昨年の覇者と対決する。
11 大会五連敗の苦汁をなめた。
12 風邪は三日で治癒した。

2 次の漢字の**部首**を記せ。

各1点 /10

㊎ 開（門）

1 褒
2 虞
3 彰
4 斉
5 泰
6 畝
7 瓶
8 爵
9 薫
10 摩

13 体育館を暗幕で遮光する。（　　）
14 地域包括ケアシステムを構築する。（　　）
15 夫の両親とは疎遠である。（　　）
16 王座奪還を誓って出陣する。（　　）
17 目標達成に向かって漸進する。（　　）
18 温厚な人柄が顔に出ている。（　　）
19 古本に謹呈の短冊が挟まっていた。（　　）
20 俊足を生かして盗塁王になる。（　　）
21 襟元が寒くてマフラーを巻く。（　　）
22 日本の棚田は高地に多く見られる。（　　）
23 流行したものは必ず廃れる。（　　）
24 ギャンブルを毛嫌いする。（　　）
25 部長解任のうわさが飛び交う。（　　）
26 酒の飲み過ぎで目が据わる。（　　）
27 竹は強さとしなやかさを併せ持つ。（　　）
28 当時の航海は命懸けだった。（　　）
29 窓を開けて涼しい風を入れる。（　　）
30 圧力なべで煮た肉は軟らかい。（　　）

3 **熟語の構成**のしかたには次のようなものがある。

各2点　／20

ア	同じような意味の漢字を重ねたもの………………	（岩石）
イ	反対または対応の意味を表す字を重ねたもの……	（高低）
ウ	上の字が下の字を修飾しているもの………………	（洋画）
エ	下の字が上の字の目的語・補語になっているもの…	（着席）
オ	上の字が下の字の意味を打ち消しているもの……	（非常）

次の熟語は右の**ア～オ**のどれにあたるか、**一つ**選び、**記号**を記せ。

1 懐古（　　）
2 懇請（　　）
3 模擬（　　）
4 検疫（　　）
5 点滅（　　）
6 無窮（　　）
7 紡績（　　）
8 逸材（　　）
9 不偏（　　）
10 多寡（　　）

4

次の**四字熟語**について、〈**問1**〉と〈**問2**〉に答えよ。

〈**問1**〉

後の□内のひらがなを**漢字**にして1～10に入れ、**四字熟語**を完成せよ。□内のひらがなは一度だけ使い、**一字記入**せよ。

各2点 ／20

ア　多岐（1）羊

イ　鼓（2）激励

ウ　山（3）水明

エ　（4）面仏心

オ　物情（5）然

カ　附和（6）同

キ　怒（7）衝天

ク　（8）遍妥当

5

次の1～5の**対義語**、6～10の**類義語**を後の□の中から選び、**漢字**で記せ。□内の語は一度だけ使うこと。

各2点 ／20

対義語

1　中枢―（　　）

2　醜悪―（　　）

3　傑物―（　　）

4　懐柔―（　　）

5　喪失―（　　）

類義語

6　忍耐―（　　）

7　伯仲―（　　）

8　欠陥―（　　）

9　泰然―（　　）

10　紛糾―（　　）

ケ　同（9　　）異夢

コ　百（10　　）錬磨

き・し・しょう・せん・そう・はつ・ふ・ぶ・ぼう・らい

〈問2〉 次の11〜15の**意味**にあてはまるものを**〈問1〉のア〜コの四字熟語**から**一つ**選び、**記号**を記せ。

各2点　／10

11 方針がありすぎて選択に迷うこと。（　）

12 場数を踏んで鍛え上げられていること。（　）

13 どんなときでも適切とされること。（　）

14 自然のたたずまいの清らかなこと。（　）

15 むやみに他人の意見に従うこと。（　）

いあつ・かくとく・がまん・ごかく・こんらん・ちんちゃく・なんてん・びれい・ぼんじん・まったん

6 次の――線の**カタカナ**を**漢字**に直せ。

各2点　／20

1 人のいない館は森**カン**としていた。（　）

2 首脳会談の中止は誠に遺**カン**だ。（　）

3 強力なライバルを**コウ**略する。（　）

4 災害が続いて農地が**コウ**廃する。（　）

5 米価の**トウ**貴で暴動が起こった。（　）

6 被害に遭った人たちを追**トウ**する。（　）

7 トンビが**ユウ**然と空を飛ぶ。（　）

8 執行**ユウ**予付きの判決が下った。（　）

9 ガラスの花瓶にスイセンを**サ**す。（　）

10 めでたい席では忌み言葉を**サ**ける。（　）

7

次の各文にまちがって使われている**同じ読みの漢字**が**一字**ある。
上の(　)に誤字を、
下の[　]に正しい漢字を記せ。

各2点　／10

1 企業には、個々の事情に応じて多様で充軟な働き方ができる環境整備が求められる。(　　)[　　]

2 受験生からの指的で入試問題にミスが発覚し、大学側はこれを認め陳謝した。(　　)[　　]

3 都は、国の特別天然記念物であるアホウドリの繁嘱に成功したと発表した。(　　)[　　]

4 賃貸住宅などの自動更新契約は、経続するときには便利なシステムである。(　　)[　　]

5 有価証券報告書に故意にうそを記採すると、金融商品取引法違反に問われる。(　　)[　　]

9

次の――線の**カタカナ**を**漢字**に直せ。

各2点　／50

1 五人欠席で学級**ヘイサ**になった。(　　)

2 **トッピョウシ**もない考えが浮かぶ。(　　)

3 病院の**ソウゲイ**バスに乗る。(　　)

4 生と死について**モクソウ**する。(　　)

5 木綿の手ぬぐいは**ヨウト**が広い。(　　)

6 神職を子孫が**セシュウ**する。(　　)

7 インタビューで胸中を**トロ**する。(　　)

8 緑茶は薬として**チンチョウ**された。(　　)

9 医師は転地**リョウヨウ**を勧めた。(　　)

10 妊娠中はにおいに**ビンカン**になる。(　　)

11 判断の**コンキョ**となる数字を示す。(　　)